Made in the USA
Las Vegas, NV
11 June 2023

73210073R00063